ARMES DE NANCY.

MONUMENTS

ANCIENS ET MODERNES

DE LA VILLE

DE

NANCY,

ANCIENNE CAPITALE DE LA LORRAINE,

CHEF—LIEU DU DÉPARTEMENT DE LA MEURTHE ;

DESSINÉS D'APRÈS LE DAGUERRÉOTYPE

ET DÉCRITS

PAR JEAN CAYON,

INSPECTEUR-CORRESPONDANT DU MINISTÈRE DE L'INTÉRIEUR POUR LES MONUMENTS
HISTORIQUES DU DÉPARTEMENT DE LA MEURTHE.

NANCY,

CAYON-LIÉBAULT, LIBRAIRE-ÉDITEUR,

Rue Stanislas, 10.

—

1847.

AVANT-PROPOS.

Cette suite de planches, classées par ordre chronologique, donne en quelque sorte l'histoire iconographique et complète de Nancy. A l'aide des notices explicatives, le voyageur et l'artiste pourront aisèment apprendre ce qu'il leur importe le plus de savoir pour se guider dans leurs visites à nos monuments. Les curieux qui désireraient de plus amples détails, les trouveront dans l'Histoire physique, civile, morale et politique de cette ville, que nous avons également publiée.

VUE GÉNÉRALE DE NANCY.

Nancy, autrefois capitale de la Lorraine, aujourd'hui chef-
lieu du département de la Meurthe, compte au-delà de 40,000
habitants. Elle doit son origine aux princes de la maison d'Alsace qui s'établirent dans nos contrées, vers la fin du XIᵉ
siècle. Cette ville, déjà redoutable sous les ducs Simon II,
Charles II, René 1ᵉʳ et ses fils, soutint deux fois les efforts de
Charles-le-Téméraire, qui fut battu et perdit la vie sous ses
murs, en 1477. Une colonne, à l'extrémité de l'étang St-Jean,
indique la place où fut découvert le corps du héros infortuné.

En 1587, Charles III commença la Ville-Neuve que Henri II,
son successeur, acheva de fortifier et dont les remparts furent
définitivement démolis par suite du traité de Ryswick, en
1697, traité qui rétablissait Léopold 1ᵉʳ dans ses états, auparavant occupés par la France. Mais Stanislas Leszcinski, roi de
Pologne, duc de Lorraine et de Bar, de 1737 à 1766, em-
bellit considérablement Nancy et lui assura ainsi dans l'avenir
de puissants moyens de prospérité, qui chaque jour tendent
à se développer davantage.

Au point de vue pittoresque, le bassin de Nancy est réelle-
ment enchanteur. Les amateurs des beautés de la nature et
de l'art n'oublieront jamais le magnifique panorama qui se
déploie à perte de vue du haut des rochers de Boudonville.
On conçoit sans peine que la réputation de Nancy, d'être une
des plus belles villes de l'Europe, une des plus élégantes de
l'empire français, est assurément loin d'être usurpée.

VUE GÉNÉRALE DE NANCY.

PLAN DE LA VILLE DE NANCY.

Ce simple croquis donne une idée satisfaisante de la disposition intérieure de la ville et de ses avantages extérieurs par sa proximité du canal de la Marne au Rhin et du chemin de fer de Paris à Strasbourg. On y voit avec satisfaction que la Ville-Vieille, qui conserve encore des débris de ses anciennes fortifications, ne tardera pas à s'harmoniser entièrement avec la Ville-Neuve, tracée si régulièrement, au xvie siècle, par Charles iii. L'emplacement des édifices, surtout ceux gravés dans ce recueil, y est indiqué avec grand soin.

2

ARMOIRIES DE NANCY.

L'écu primitif de Nancy portait : d'argent, au chardon tigé, arraché, verdoyant et arrangé de deux feuilles piquantes au naturel ; devise : *non inultus premor*, qui s'y frotte s'y pique. Le duc Charles III y ajouta en chef les armoiries ducales. Louis XIV, après la conquête du pays, les détermina : d'or, à deux canons passés en sautoir. Napoléon en rétablissant le chardon sur l'écu, lui donna au chef de gueules à trois abeilles en fasce d'or, qui était le chef des bonnes villes de l'empire, de plus des lambrequins [et un caducée d'or également ainsi que le cimier surmonté d'une aigle naissante. Enfin, depuis Charles X, la ville porte simplement en chef : d'or à la bande de gueules, chargée de trois alérions d'argent, qui est de Lorraine.

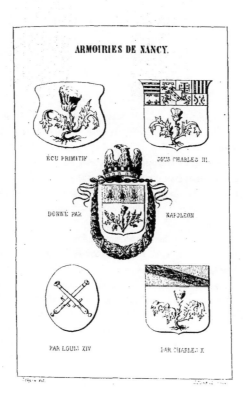

ARMOIRIES DE NANCY.

ÉCU PRIMITIF   SOUS CHARLES III.

DONNÉ PAR   NAPOLÉON

PAR LOUIS XIV   PAR CHARLES X

Au commencement du vii⁰ siècle, Saint-Bodon, 17⁰ évèque
de Toul, tenait de ses pères la vallée au nord de Nancy et
qu'on appela de son nom Boudonville, *Bodonis villa* ou
Terre de Bodon. L'église de Boudonville étant sous l'invoca-
tion de Saint-Dizier, le village en prit le nom, et devint une
bourgade florissante jusqu'au xvi⁰ siècle, où elle finit par
s'incorporer avec la capitale de la Lorraine, dont voici le
berceau :

Les premiers ducs héréditaires de Lorraine en s'avançant
dans nos contrées, au xi⁰ siècle, songèrent à se fortifier sur
tous les points favorables au développement de leur autorité.
Dans ce but et pour mieux protéger l'important village de
Saint-Dizier, ils y établirent un premier château-fort, possédé
en 1067, par Odelric, frère de Gérard d'Alsace. Le village de
Laxou en dépendait et le prieuré de Notre-Dame n'en était
pas éloigné. C'est cet ensemble que fait connaître notre plan.

4

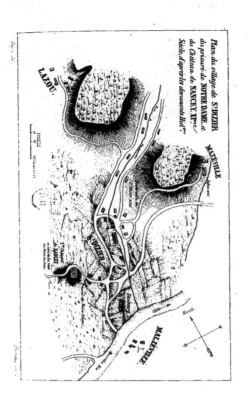

Plan du village de St DIZIER
du prieuré de NOTRE DAME, &
du Château de NANCEY, Xme
Siècle, d'après les documents Hist.^{ques}

PLACE ET ÉGLISE SAINT-EPVRE.

L'église Saint-Epvre est aujourd'hui le plus ancien édifice de Nancy après la résidence ducale. Sa nef fut reconstruite en 1451, mais sa haute tour quadrangulaire date de l'érection de cette paroisse, avant 1322. Outre une antique peinture à l'huile sur la muraille, on y remarque plusieurs bons tableaux anciens et une Cène sculptée derrière le maître autel.

Au dernier siége de Nancy, par le duc de Bourgogne, les Lorrains pour venger la mort inhumaine de Suffrein de Baschi, officier de René II, pendirent en représailles tous les prisonniers qui leur tombèrent entre les mains. On distingue encore à la façade principale de la tour de Saint-Epvre, les trous dans lesquels étaient scellés les crochets destinés à ce cruel usage, et les traces de la fenètre établie, pour précipiter les malheureuses victimes de cette guerre acharnée.

La petite statue en plomb, sur la fontaine voisine, représente René II à cheval, elle remplace depuis 1828, l'ancienne en pierre, renversée en 1792.

ö

PLACE ET ÉGLISE S.ᵗ EPVRE.

(NANCY)

FRESQUE DE SAINT-EPVRE.

Les légendes suivantes expliquent les épisodes de cette bisarre composition, qui représente divers traits singuliers de dévotion envers la Mère de Dieu :

1. Je suis Marie Royne des cieux
Qui de Dieu mon filz feray don,
Qui sera accordé à tous ceulx
Qui feront ma Conception.

2. Tous ceux et celles qui en mon nom,
Feront des biens de bon couraige,
Paradis auront pour guerdon
Et au monde auront grand aaige.

3. Un homme une femme accusa
A la iustice pour la brusler;
La Vierge la saulua et donna
Au diable l'homme emporter.

4. Théophilas donna son âme
Au Diable, et lettre luy bailla;
Puis retourna à Notre-Dame
Laquelle la lettre luy liura.

5. Ung bon abbé de Normandie,
Alla en mer par temps fellons,
La Vierge luy saulua la vie
Pour faire sa Conception.

6. Une femme par son affliction
Print l'enfant Jésus en ostaige,
Pour son fils qu'estoit en prison:
Marie luy retira hors de servaige.

7. Ung homme ses biens despendit,
Puis mena sa femme au diable;
En son lieu la Vierge se mist,
Pour la garder du chien damnable.

8. Une bonne Dame à la Vierge donna,
Ses deux filles qu'on imposoit à blasme,
La Vierge couronne leur ennoya,
Des cieulx pour garder le diffame.

Les uns attribuent ce morceau à Léonard de Vinci, d'autres et avec plus de vraisemblance à l'école d'Albert Durer; quoi qu'il en soit, c'est un chef-d'œuvre original, dont la destruction serait fort regrettable.

FRESQUE DE L'ÉGLISE St EPVRE

(NANCY)

PORTE INTÉRIEURE NOTRE-DAME.

L'une des deux qui fermaient jadis la Ville-Vieille. Sa construction remonte au duc Charles II, vers le commencement du XVe siècle. On l'appelait anciennement de *la Craffe*, du nom de son ingénieur napolitain Garaffa. Charles-le-Téméraire, dernier duc de Bourgogne, après la prise de Nancy, fit par cette porte son entrée solennelle le 31 novembre 1476. L'année suivante, ce prince fut battu et trouva la mort sous nos murs. René II son vainqueur, qui dans la bataille portait pour bannière l'Annonciation, la fit sculpter sur la façade extérieure de l'édifice, d'où lui vint son nom actuel. Le duc Henri II, l'augmenta encore de ce côté en 1615, mais ne changea rien à l'ordonnance. Ses tours, ses machicoulis, sa voûte épaisse et percée au milieu, offrent un coup d'œil pittoresque et imposant à la fois, qui transporte l'imagination aux temps reculés et chevaleresques de la fondation de ce monument.

PORTE INTÉRIEURE NOTRE-DAME.

(NANCY)

Les moyens de défense de Nancy s'accrurent avec sa prospérité. En 1136, Simon 1er y fut inutilement assiégé par Geoffroy de Faulquemont. Charles II livra bataille sous ses murs en 1407, au grand maréchal de Luxembourg et à ses alliés qu'il défit. Charles-le-Téméraire la prit par capitulation le 29 octobre 1475. Les Lorrains y rentrèrent le 6 octobre de l'année suivante et le duc de Bourgogne en pressait de nouveau les habitants réduits aux abois, quand René II les délivra le 5 janvier 1477, par la déroute entière de ses ennemis. La gravure ci-contre donne la situation de la ville à cette époque.

8

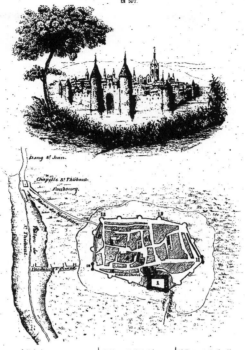

NANCY,
EN 1477.

Étang St Jean.
Chapelle St Thibaut.
Faubourg.

1. Palais.   6. Chap. St Michel.   11. Porte de la Craffe.
2. St Georges.   7. Les Dames Prêcheresses. 12. Tour de Sar.
3. St Epvre.   8. Hôtel de Clairlieu.   13. Grande-tour.
4. Hôtel de ville.   9.   Marquès.
5. Notre-Dame.   10. Porte St Nicolas.

25 50   100   200   300 Toises.

Lith. L. Christophe, Nancy.

TENTE DE CHARLES-LE-TÉMÉRAIRE.

Sa tente fit partie du butin de la journée du 5 janvier 1477. C'était une espèce de maisonnette en bois, revêtue intérieurement de riches tapisseries, ainsi qu'on peut en juger par les fragments qui se voient encore aujourd'hui dans une des salles de la Cour royale de Nancy.

Le sujet principal de cette précieuse tenture est tiré d'une ancienne moralité, intitulée : La condamnation des banquetz. Les différents actes de cette histoire allégorique sont indiqués sur le tissu par des colonnes séparatives, un des principaux épisodes est celui représenté ci-contre : le triste cortége des maladies qui épiaient les gais convives, fait irruption dans la salle; la table est renversée, Gourmandise et Friandise sont les premières victimes; Bonne Compagnie se tire à grand'peine de la mêlée, Passe-temps, Accoutumance et quelques autres plus avisés se hâtent de prendre la fuite.

Les personnages sont de grandeur naturelle et la tapisserie entière n'a pas moins de 70 pieds de longueur, sur 11 de hauteur. Une autre pièce, de la même origine, représente Assuérus imploré par Esther, mais n'offre pas le même intérêt pour le dessin et l'historique des costumes.

9

TENTE DE CHARLES-LE-TÉMÉRAIRE

PALAIS DUCAL.

En place d'anciennes constructions, René II commença ce palais en 1502, Antoine, son fils, y ajouta *la galerie des cerfs*, la seule partie qui subsiste aujourd'hui.

La vue principale donne l'idée la plus avantageuse de l'ensemble. Les murs très-épais sont en pierre de taille ; l'escalier gothique qui aboutit à la salle immense de l'étage supérieur, est fort remarquable par sa dimension et sa beauté : Les clefs des voûtes du portail sont sculptées et représentent les médaillons des premiers ducs de Lorraine avec la devise *j'espère avoir*, qui fait allusion à leurs prétentions sur diverses provinces du royaume dont ils avaient été dépouillés. Cette même légende se lit encore au bas des lourds balcons de la façade, si délicatement ouvragée. On y distingue les portraits des ducs René II et Antoine ; le premier à droite, le second à gauche du spectateur. La statue équestre du dernier prince remplissait la niche principale ; elle a été brisée en 1792, et les armoiries ducales grattées.

Au-dessus de la petite porte d'entrée se dessine la figurine d'un singe, couvert d'un froc et tenant la bible sur ses genoux. C'est une satire contre les Protestants, ainsi représentés dans les caricatures du temps. En 1790, le peuple croyant au contraire y voir le blâme de l'hypocrisie monacale, avait fait mettre en couleur cet emblème piquant.

10

VUE GÉNÉRALE

DU PALAIS DUCAL ET DE SES DÉPENDANCES,

NANCY.

ANCIEN PALAIS DUCAL.
Vue principale.
(NANCY)

ÉGLISE DES CORDELIERS.

Là reposent les cendres des princes et princesses de la maison de Lorraine. L'église et le couvent des Cordeliers furent commencés en 1477 et achevés en 1484, par René II, auquel on y a érigé un mausolée du plus riche travail.

Charles III y ajouta la Chapelle ronde, ou Rotonde au nord du chœur des religieux. Henri II, son fils, y mit la dernière main et le duc François III, couronné empereur d'Allemagne en 1745, y prodigua une rare magnificence que la révolution a fait disparaître en grande partie.

A cette époque, les cercueils furent violés et leurs reliques funèbres entassées dans le cimetière commun. On les en tira en 1826, après la restauration de l'édifice, et elles furent réintégrées avec pompe dans leur ancien caveau, le tout par les ordres des cours de France et de Vienne. On voit aussi dans la nef, le mausolée de Jacques Callot, le graveur inimitable du 17e siècle.

11

ÉGLISE DES CORDELIERS.

(NANCY)

ÉGLISE DE SAINT-NICOLAS-DE-PORT.

(Environs de Nancy.)

Saint-Nicolas, évèque de Myrrhe, en Lycie, était considéré comme le patron de la Lorraine, depuis qu'en 1087, on avait déposé de ses reliques au village de Varangéville, sur la Meurthe. Le concours des pèlerins fit naître auprès la ville de Saint-Nicolas et dont le commerce était considérable au xve siècle. Elle fut ruinée en 1635, par les Suédois, auxiliaires de Louis XIII contre le duc de Lorraine, et sa belle église gothique en souffrit beaucoup.

Vers 1494, le curé Simon Moycet en entreprit la construction et à sa mort, arrivée en 1520, il ne restait que les tours à terminer. C'est une des dernières conceptions de l'art gothique et qui se recommande ici comme ailleurs par un génie particulier et pour ainsi dire inimitable.

Les piliers du transceps soutiennent une voûte de 86 pieds pieds de hauteur. On admire surtout la courbure considérable de la nef, et dont cependant on ne s'aperçoit qu'en y prêtant une certaine attention. Le motif de cette bizarrerie, qui a dû offrir les plus grandes difficultés pour la coupe des pierres, a été, au sentiment des archéologues, de rappeler l'inclinaison de la tête du Christ, mort sur son bras gauche. L'ancien baptistère est aussi un précieux objet d'art.

12

EGLISE DE St NICOLAS DU-PORT.

Vers 1574, le duc Charles III résolut d'accomplir le dessein conçu depuis longtemps par ses prédécesseurs, de joindre une nouvelle ville à l'ancienne, mais les travaux ne furent terminés que peu de temps avant la mort de Henri II, arrivée en 1625. Nancy se divisa alors en Ville-Vieille et en Ville-Neuve. Toutes deux furent fortifiées sur les plans d'un fameux ingénieur milanais, Orphée de Galéan. Les bastions tracés suivant le nouveau système de fortification, perfectionné par Errard, de Bar-le-Duc, étaient surnommés *royaux*, en raison de leur hauteur, épaisseur, beauté et force sans égales. Cependant la capitale de la Lorraine se rendit sans coup férir à Louis XIII, et les fortifications de la Ville-Neuve furent démolies définitivement en 1698, à l'exception de celles de la Ville-Vieille, renversées ensuite pour l'embellissement général. La citadelle seule existe encore, mais ses remparts tombent en ruines.

15

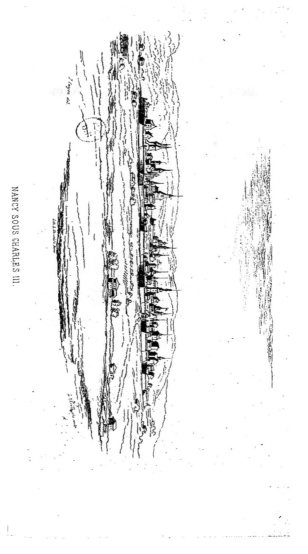

NANCY SOUS CHARLES III.

NANCY FORTIFIÉ,

1673.

En 1661, Louis XIV avait ordonné la démolition des belles fortifications élevées par les ducs Charles III et Henri II. Il les fit relever sur les anciennes fondations en 1672 et 1673. De beaux fossés, seize bastions et la citadelle composaient le nouveau système de défense. La Ville-Vieille renfermait l'arsenal, et pouvait être considérée comme un fort retranchement dont le canon enfilait les rues de la Ville-Neuve.

14

NANCY, FORTIFIÉ.
(1673)

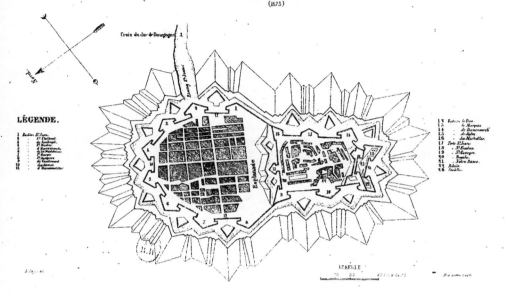

Croix du duc de Bourgogne. 1

LÉGENDE.

PORTE EXTÉRIEURE NOTRE-DAME.

(FAÇADE DE LA VILLE.)

Les portes de Nancy, construites sous Charles III, passaient pour des chefs d'œuvre d'architecture militaire. Il est fâcheux que les deux faces de la nôtre, qui date de 1596, soient mutilées par des dégradations souffertes avec une coupable négligence. On en estime beaucoup les sculptures, du ciseau de Florent Drouyn, et surtout quatre petits bas-reliefs, représentant des guerriers à pied et à cheval, demi-bosses sur marbre blanc, traitées avec goût et finesse. Les armoiries ducales et autres qui s'y voyaient ont été brisées en 1792.

15

PORTE EXTÉRIEURE NOTRE-DAME.

Façade de la Ville.
(NANCE)

Autrefois la seule dans la direction de Paris. Les deux belles pyramides élancées qui surmontaient une table armoriée au-dessus de l'attique de la face extérieure n'existent plus. L'architecture sur la place Saint-Jean, est d'un excellent style ; les Termes accolés aux arches des portiques méritent d'être observés, et tout l'ensemble offre un modèle à proposer aux jeunes adeptes de l'art des Vitruve.

16

PORTE St JEAN

(NANCY)

PORTE SAINT-GEORGES.

La statue du bienheureux patron, œuvre de Jean Richier, les Sphinx, les Termes et les statues allégoriques qui décorent la façade extérieure de cette porte, exciteront toujours l'admiration des curieux, par la beauté du travail et la manière large de l'artiste. Jadis, les armoiries ducales, très-bien sculptées, ajoutaient surtout à la décoration de nos portes et de nos principaux édifices; il n'en reste plus que la place.

17

PORTE St GEORGES.

(NANCY.)

Les soubassements de ses pilastres extérieurs sont enfouis. Autrefois, cette porte et toutes celles de la Ville-Neuve offraient le plus majestueux coup d'œil par leur dégagement et leur élévation au-dessus d'un large et profond fossé. L'écu mutilé d'Élisée de Harraucourt, gouverneur de Nancy, se détache au milieu d'une arcade. La façade du côté de la ville est d'un goût plus moderne. Elle a été ainsi réparée et embellie en 1761, lors du passage de mesdames Victoire et Adelaïde, petites filles de Stanislas-le-Bienfaisant, roi de Pologne, duc bénéficiaire de Lorraine et de Bar, de 1737 à 1766.

18

PORTE St NICOLAS
(BAS).

SAINT-SÉBASTIEN.

Le portail de cette église, terminée en 1730, était entièrement masqué par les bâtiments de l'ancien Hôtel-de-Ville qui couvraient une partie de la place du Marché. C'est ce qui explique l'ornementation particulière de l'édifice, dont l'intérieur n'est pas sans majesté. Le tableau du saint patron, peint par Jean Leclerc, contemporain de Jacques Callot, jouit d'une certaine réputation. Quelques amis des arts y ont rétabli, en 1801, le mausolée à la mémoire de Jean Girardet, premier peintre de Stanislas-le-Bienfaisant.

S! SÉBASTIEN.
(NANCY)

CHARTREUSE DE BOSSERVILLE.

Cette magnifique chartreuse, située sur les bords de la Meurthe, dans la plus agreste position entre Nancy et Saint-Nicolas-de-Port, a été fondée par le duc Charles IV, en 1666. Son immense cloître est resté inachevé d'un côté. L'heureuse disposition du reste des constructions et notamment la beauté de l'église, rachètent jusqu'à un certain point cette imperfection. Ce monastère, après avoir été transformé tour à tour depuis 1792, en manufacture et en ambulance allait être démoli, quand des religieux de l'ordre de Saint-Bruno, ont fait l'acquisition de ce pieux asile en 1855, et par leurs soins, lui ont rendu son ancienne splendeur.

20

CHARTREUSE DE BOSSERVILLE.

ENVIRONS DE NANCY.

TEMPLE PROTESTANT.

C'était l'église du couvent des Prémontrés, et avant 89, la foire de Saint-Joseph se tenait avec éclat devant son portail. Cet édifice sert depuis 1807 au culte réformé ; le nouveau pasteur s'y installa le 12 juillet de cette année, jour anniversaire de la fameuse bataille de Friedland.

A l'apparition des doctrines de Luther, les Protestants furent recherchés avec la plus grande sévérité en Lorraine. En 1525, le duc Antoine se porta à la rencontre de plusieurs corps d'armée de religionnaires qui voulaient se jeter en France, et leur tua 40,000 hommes, tant à Saverne qu'aux environs.

21

TEMPLE PROTESTANT.

(NANCY.)

CATHÉDRALE PRIMATIALE.

Le duc Charles III, n'ayant pu au 17e siècle, obtenir l'érection d'un évêché à Nancy, demanda alors, que la dignité de primat fut attachée à la nouvelle église qu'il se proposait d'élever dans sa capitale, ce qui fut agréé par bulles du 15 mars 1602.

On en avait effectivement commencé les travaux en 1603, mais ils furent interrompus pendant un siècle par suite des malheurs des temps. On les reprit en 1703, sous un autre plan, et le chapitre prit possession de la Cathédrale primatiale en 1742. Les tours ont 240 pieds de hauteur ; la nef, dans son œuvre, 150 de longueur sur 67 de large, y compris les collatéraux.

Sous le titre de Notre-Dame-de-Bonne-Nouvelle, on y vénère une image miraculeuse de la Vierge, tirée de l'antique collégiale de Saint-Georges et dont le culte était renommé dans une partie de l'Europe. Le dôme, de 48 pieds de diamètre, représente un ciel ouvert, peint par Jacquard, d'excellents tableaux décorent ses murailles. Les quatre docteurs de l'église en marbre blanc : Saint Augustin, Saint Grégoire, Saint Léon et Saint Jérôme, faisaient partie du mausolée du cardinal de Vaudémont, aux Cordeliers. La statue de la Vierge, dans une niche au fond du chœur est du ciseau du célèbre Césard Bagard ; la lumière habilement ménagée derrière, produit un bel effet.

22

CATHÉDRALE PRIMATIALE.

(NANCY)

En 1785, M. de Stainville, gouverneur général de la Lorraine, ayant fait ouvrir l'immense place de Grève sur les débris d'une partie des bastions de la Ville-Vieille, on traça dans cette direction une nouvelle chaussée sur la route de Metz, en élevant un arc-de-triomphe consacré aux succès de l'Amérique, secourue si à propos par Louis XVI. Les bas-reliefs de la façade intérieure y font allusion; la défaite de Charles-le-Téméraire, devant Nancy, sculptée par Stongen, décore l'autre.

A la fameuse affaire de Nancy, le 31 août 1790, la garnison révoltée s'apprêta à se défendre contre l'armée de M. de Bouillé, qui, sur la foi d'une espèce de capitulation, s'avançait de ce côté, l'arme au bras. Plusieurs pièces de canon, chargées jusqu'à la gueule, étaient pointées sur le faubourg. On allait y mettre le feu, quand un jeune officier du régiment du roi, Desilles, s'élançant, empêcha l'exécution de ce funeste projet. Il paya de sa vie son généreux dévoûment. Un coup partit, emporta les trois premiers rangs des volontaires qui marchaient en colonne serrée, et, parmi les morts, on regretta particulièrement M. de Gouvion, officier distingué du génie, frère du maréchal de ce nom.

25

PORTE NEUVE.
Intérieure.
(NANCY)

La place Royale de Nancy, commencée en 1751 et achevée en 1758 par Stanislas, est une des plus belles de l'Europe. Elle forme un carré long d'environ 50 toises sur 60. Au milieu, s'élevait la statue pédestre de Louis xv, renversée en 1792. Celle du bon roi de Pologne, érigée par la reconnaissance publique, la remplace depuis 1851. Notre planche représente le côté des Trottoirs et le bel Arc-de-Triomphe qui donne entrée sur la Carrière. Au fond est le palais de l'ancienne intendance, aujourd'hui la préfecture. Les bas-reliefs en marbre blanc, qui décorent la Porte Royale, sont l'œuvre de César Bagard, artiste lorrain fort estimé, et ornaient auparavant une autre porte de ce nom, que Louis xiv avait fait élever à peu près dans cette direction.

24

PLACE STANISLAS ET ARC DE TRIOMPHE.

(NANCY)

Les beaux groupes, fondus en plomb, sont de la main de Guibal et de Ciflée, grands artistes dont le pays s'honore. Jean Lamour, fut l'inventeur et le forgeron de ces magnifiques grillages qui excitèrent au plus haut point l'admiration des contemporains et entre autres, de Servandoni, le célèbre architecte de Saint-Sulpice. Malheureusement ces chefs-d'œuvre ont été dépouillés des chiffres, des couronnes, des pyramides et des autres accessoires qui ajoutaient tant de majesté à leur ordonnance. Les balcons de la place Royale, les superbes rampes des pavillons environnants et notamment celles de l'Hôtel-de-Ville, sont encore dues à l'habile serrurier Lamour, qui naquit et mourut à Nancy.

25

FONTAINE DE NEPTUNE.

(NANCY)

FONTAINE D'AMPHITRITE.
(NANCY)

PRÉFECTURE.

(ANCIEN PALAIS DE L'INTENDANCE).

La place Carrière est séparée de la place Royale par un bel Arc-de-Triomphe. En débouchant de ses portiques, on voit à sa droite, le Palais-de-Justice et à sa gauche, celui de la Bourse. On gagne ensuite une belle promenade, plantée de deux rangées de tilleuls, taillés avec symétrie. Une banquette en pierre de taille, garnie à ses ouvertures latérales de groupes et de beaux vases, en défend l'enceinte; aux angles, jaillissent des fontaines; des grillages de Lamour s'élèvent à chaque extrémité, les façades des maisons particulières sont uniformes.

Deux élégants pavillons ouvrent un vaste hémycicle, entre les colonnades duquel sont posés les bustes des principales divinités de la Fable. Ce circuit est ouvert au centre par des portiques surmontés de trophées. L'ancien palais de l'intendance, aujourd'hui la Préfecture en occupe le fond. Ses balustrades et ses galeries sont veuves depuis 1792, des nombreuses statues et autres ornements qui les enrichissaient.

26.

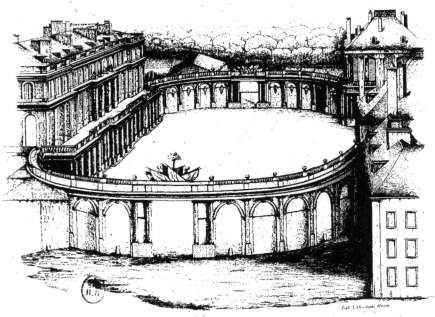

PRÉFECTURE.

Ancien Palais de l'Intendance
(NANCY)

FONTAINE ET PLACE D'ALLIANCE.

Cette jolie petite place, encadrée d'arbres, mais un peu isolée, faisait anciennement partie du potager du duc Léopold 1er. Elle doit sa création à Stanislas. La fontaine monumentale qui s'élève au centre, rappelle le traité d'alliance signé le 1er mai 1766, entre la France et l'Autriche, après trois cents ans de dissentions, contre le Grand Frédéric, qui de son côté s'appuya sur l'Angleterre. Les légendes font allusion à cet événement politique, dont le monarque Prussien conjura les suites par son génie et le bonheur de ses opérations militaires.

27

FONTAINE ET PLACE D'ALLIANCE.

(NANCY)

CASERNE SAINTE-CATHERINE.

Ce magnifique corps de caserne, qu'admira l'empereur Joseph ii, en 1777, forme un terreplain de 100 toises sur 80 ; au-devant règne un fossé défendu par une galerie à jour. La première pierre en fut posée le 14 juillet 1764. Le frontispice de l'aile du milieu est décoré par un bas-relief colossal, représentant Stanislas entouré des attributs des arts. Là furent formés de nombreux bataillons qui se couvrirent de tant de gloire sur les champs de bataille de la République et de l'Empire.

28

CASERNES Sᵀᴱ CATHERINE.

(NANCY)

PORTE SAINTE-CATHERINE.

Son élégance fait l'éloge du mérite de Mique, architecte du Roi Stanislas. Le jardin botanique n'en est pas éloigné, et à quelques pas, dans le faubourg, on a ouvert en 1842 un abattoir modèle. Ce point du territoire de Nancy est traversé par le canal de la Marne au Rhin; un bassin de déchargement y porte également le nom de Sainte-Catherine.

29

PORTE S^{TE} CATHERINE.

(NANCY)

PORTE STANISLAS.

Le débarcadère du chemin de fer de Paris à Strasbourg s'élèvera très près de cette porte, non moins remarquable que la précédente. Des trophées militaires les décorent toutes deux à l'extérieur, et au dedans, les statues et autres allégories des Muses, symbôles de leur culte dans la cité. L'élégance et la pureté du trait de ces deux portes, les recommandent à l'attention studieuse des jeunes artistes.

50

PORTE STANISLAS

(NANCY)

SÉMINAIRE DIOCÉSAIN

ET PAROISSE SAINT-PIERRE.

L'immense faubourg Saint-Pierre qui semble une ville ajoutée à Nancy, date à peine de 1741. Son église, consacrée le 14 juin 1731, n'offre rien de remarquable. Le Séminaire diocésain qui touche, était l'ancienne maison des missions, fondée en 1737, par Stanislas Lezscinski. Les bâtiments considérables sont d'une bonne ordonnance et les jardins d'une vaste étendue.

51

SÉMINAIRE DIOCÉSAIN ET PAROISSE S!. PIERRE.

(NANCY)

A cette place s'élevait l'antique chapelle des Bourguignons, aux environs de laquelle furent ensevelis les soldats de Charles-le-Téméraire, après sa défaite, dont ce lieu fut le théâtre principal. Stanislas, roi de Pologne, duc de Lorraine et de Bar, ayant résolu d'y fixer sa sépulture, celle de la reine, son épouse, fit commencer en 1738 cette nouvelle église, bénite le 7 septembre 1741. Les murs sont revêtus d'un stuc brillant. On admirera toujours les mausolées du sanctuaire, surtout celui de Catherine Opalinska, chef-d'œuvre de Sigisbert Adam. En 1814 et 1833, les Polonais y ont tracé deux inscriptions touchantes. Quatre étendards turcs sur six pris en différentes rencontres par des princes Lorrains, flottent encore aujourd'hui au faîte des voûtes de cet édifice. Le culte de Notre-Dame de Bonsecours qui remonte à la bataille de Nancy, le 5 janvier 1477, est fort populaire dans la contrée, et l'antique statue vénérée de la Vierge a été constamment respectée dans les orages révolutionnaires.

52

N-D-DE-BONSECOURS

(NANCY)

TABLE DES PLANCHES.

GRAVÉES SUR PIERRE.

55

NANCY. — imprimerie de HINZELIN et Comp.

PRIEURÉ DE NOTRE-DAME.

(*Nancy*).

Ce prieuré avait été fondé en 1110, auprès du *château de Nancy*, par le duc Thierry-le-Vaillant. Son église, démolie à la révolution, servit jusqu'à cette époque à l'une des trois cures créées en 1593, dans notre ville. L'entrée principale a été conservée par un ami des arts et de nos antiquités nationales, qui l'a fait restaurer dans son parc à Villers-les-Nancy.

1

VUE DU PRIEURÉ DE NOTRE-DAME, 1110.
NANCY.

COLLÉGIALE DE SAINT-GEORGES.

(Nancy).

L'insigne église collégiale de Saint-Georges, fondée en 1339, par le duc Raoul, a été détruite avec ses monuments funèbres en 1743. Elle s'élevait sur l'emplacement de la petite place Carrière en joignant au midi le palais ducal. On y voyait le tombeau de Charles-le-Téméraire, les deux mausolées des ducs et duchesses de Lorraine : Jean 1er, Charles II, Marguerite de Bavière, Marie de Bourbon, Nicolas d'Anjou et le bâtard de Calabre; Henri II et Marguerite de Gonzague avaient aussi voulu y reposer au pied de l'autel de Notre-Dame de Bonne-Nouvelle, image miraculeuse aujourd'hui à la Cathédrale primatiale. Nos anciens ducs devaient à leur avènement prêter dans Saint-Georges, serment de maintenir les droits et priviléges des États du pays.

2

L'INSIGNE COLLÉGIALE DE SAINT-GEORGES.

NANCY.

TROPHÉE DE LA COMPAGNIE DE LA BUTTE.

(*Nancy*).

La compagnie de la Butte, créée en 1570, par Charles III, se composait de près de deux cents bourgeois, divisés en mousquetaires et en arquebusiers. Ils se réunissaient de quinzaine en quinzaine, dans la belle saison, pour tirer le Papegay, planté dans un terrain qui leur était affecté. Les Buttiers de Nancy dont le trophée ci-contre est extrait des lettres-patentes de Henri II en leur faveur, furent définitivement supprimés en 1739, sous Stanislas.

TROPHÉE
DE LA COMPAGNIE DE LA BUTTE, SOUS CHARLES III.
NANCY.

ANCIEN HOTEL-DE-VILLE,

PLACE MENGIN.

(Nancy).

En 1600, la ville acquit ce vaste bâtiment dont une tour assez élégante faisait le principal ornement. Toutes les juridictions y étaient réunies. On le démolit en 1751, et la place Mengin fut tracée sur le déblai ; cette dernière était séparée de la place du Marché par des banquettes en pierre de taille et garnies d'arbres jusqu'en 1831.

4

Imprimé en France
FROC030554191219
22999FR00012B/106/P